AF242887

f° O² n
1439

J. GAUVIN

# En Chine

**PARIS**

Société Française d'Imprimerie et de Librairie

(Collection LECÈNE, OUDIN et Cie)

15, RUE DE CLUNY, 15

# En Chine

La Chine est un très vaste et très lointain pays, situé dans l'Extrême-Orient de l'Asie. C'est un empire qui comprend plus de trois cents millions d'habitants, c'est-à-dire huit fois environ la population de la France.

Autrefois, la Chine était un pays fermé aux Européens et les Chinois ne venaient guère en Europe. De nos jours, on va en Chine comme ailleurs, et les Chinois eux-mêmes voyagent davantage.

Venez avec moi, mes petits amis, dans cette Chine que l'on connaît si mal.

Là-bas, il y a des enfants comme vous, beaucoup de petits enfants qui travaillent comme vous travaillez et cherchent à s'instruire, eux aussi.

Voyez avec quelle attention ce petit camarade de Chine suit sur le livre la leçon que son papa lui donne.

Apprendre à lire en Chine n'est pas une petite affaire : les mots sont écrits en caractères différents, et il faut beaucoup de temps et d'attention pour arriver à bien lire et à bien écrire.

Aussi, la leçon finie, la journée achevée, tout le monde est content de goûter un peu de repos dans le jardin familial. Les Chinois vivent beaucoup de la vie de famille. Ils ont le respect des vieillards et le culte des ancêtres.

Les jardins en Chine sont jolis avec des arbres aux fleurs délicates exhalant des parfums divers.

Les Chinois portent pour la plupart une robe ; ils tressent leurs cheveux en une natte qui leur retombe dans le dos. Les fillettes, afin d'avoir les pieds plus menus,

mettent des chaussures spéciales qui compriment leurs extrémités. Le papier et la soie jouent un grand rôle dans ce pays. C'est en papier que sont les lanternes, les ombrelles et les parapluies des Chinois. La plupart des meubles sont laqués, et le fond de la nourriture est le riz. Le thé constitue la boisson des Chinois.

Le thé est produit par le théier. On cueille les feuilles, les fleurs du théier, on les fait griller légèrement, on les roule et on les envoie en des paquets dans tous les pays du monde.

Les Chinois ornent leurs maisons de dessins amusants. Voyez ceux-ci: le premier représente des Chinois qui dansent, le second des acteurs dans un grand drame.

Ces acteurs ont mis sur leur visage d'affreux masques qui les font ressembler à d'horribles démons.

Il ne faut pas croire que les Chinois soient d'affreux barbares. Bien longtemps avant les Européens, ils avaient découvert l'imprimerie, la poudre à canon, le papier ; mais tandis que les Européens ont continué à se développer, les Chinois sont restés pendant longtemps comme civilisation au même point qu'il y a deux mille ans.

Depuis quelques années il y a un éveil de la Chine au progrès moderne. Des chemins de fer pénètrent dans l'intérieur du pays et l'électricité est appliquée dans les grands centres à l'industrie, etc.

Allons dans une ville chinoise ; entrons dans la rue la plus commerçante. Les étalages sont bien faits ; au seuil des boutiques de grandes pancartes peintes vous informent de la nature des articles qu'on est assuré de trouver dans le magasin.

Rien de plus amusant que la lecture de ces enseignes entre lesquelles s'alignent les lanternes aux formes diverses, aux couleurs variées. Les Chinois sont des commerçants remarquables. Ils savent tirer parti de tous les produits que leur pays leur donne. Ils sont avec cela très adroits et très sobres. Depuis que l'esprit de réforme a soufflé sur leur pays, leur goût pour le commerce les a poussés vers les terres étrangères. On trouve des Chinois négociants

importants et même banquiers dans nos possessions d'Indo-Chine, dans les îles de la Sonde, dans les Indes. En Amérique, à San Francisco, une bonne partie de la ville est chinoise.

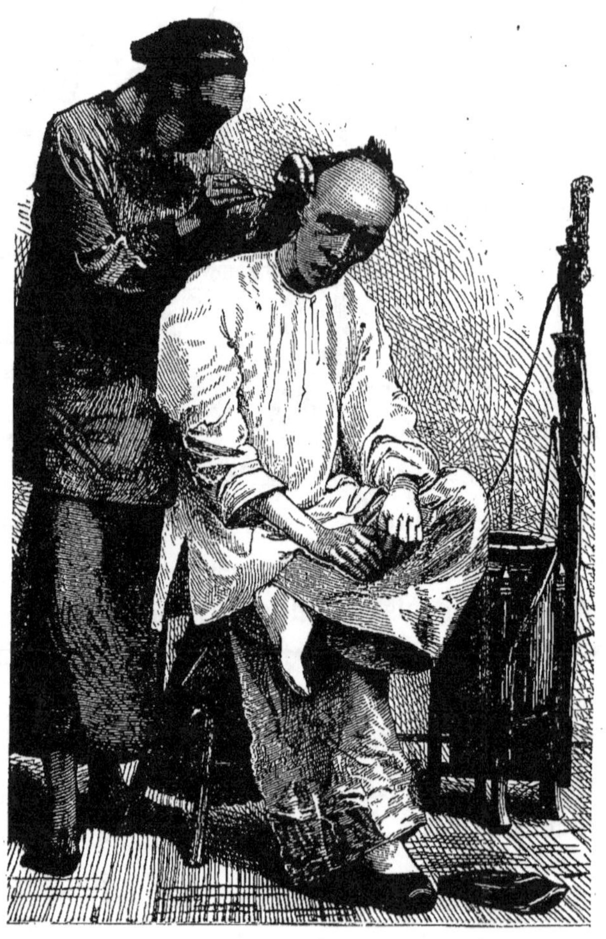

Nous voici dans la demeure d'un guérisseur qui est
en train de soigner l'oreille d'un de ses concitoyens. Le
patient, très calme, attend l'issue de l'opération. L'opéra-
teur, très attentif, tout à son affaire, manœuvre avec
autant de délicatesse que de dextérité l'outil dont il se
sert. Le Chinois est en général très adroit dans tous les
travaux qui exigent une grande patience et beaucoup de
minutie. Vous en trouverez une preuve dans ces objets
minuscules qu'ils sculptent admirablement.

Ici, c'est un restaurant en plein air ; sous une tente rustique, une table a été dressée ; sur des bancs non moins rustiques, s'assoient les consommateurs.

Ils mangent du poisson, du riz, des nids d'hirondelles, et même du chien. Ils ont des mets bizarres et n'emploient pas, comme nous, fourchettes et cuillers, mais de petits bâtonnets avec lesquels ils font très adroitement sauter la nourriture de leurs assiettes dans leur bouche.

Là, c'est l'écrivain public, sorte de demi-savant qui, moyennant une faible obole, fait la correspondance des braves gens ayant recours à lui.

Il rappelle par plus d'un point l'ancien écrivain public de France.

Ainsi la vie se répète par delà des milliers et des milliers de kilomètres. On retrouve ici et là les mêmes types populaires, toujours intéressants à observer.

Nous voici en présence d'un criminel. On l'a arrêté, on lui a mis au cou la *cangue,* sorte de joug à claire-voie qui le retient et le désigne à tous comme l'homme suspect. On va le mettre en prison, et il sera déféré au tribunal qui bientôt le jugera.

Mais les personnages les plus dangereux en Chine sont encore les mendiants. Sales, pouilleux, couverts de plaies, ils constituent un groupe redoutable, une sorte d'association des plus dangereuses, qui répand la terreur dans les villes et les campagnes et prélève l'impôt sur tous ceux qui désirent ne pas être incommodés par leur présence.

Ces gens, qui ne sont ni des malades ni des infirmes, mais des paresseux et des êtres malfaisants, ont une organisation puissante, des chefs intelligents et adroits; leur action est désastreuse. C'est une plaie pour la Chine.

Il y a pourtant des juges en Chine, des tribunaux constitués par de graves personnages lettrés.

Les juges, les mandarins, tous ceux qui exercent en Chine une fonction, sont des lettrés. Ils ont gagné leur place en étudiant, en préparant des concours. La Chine est un pays très démocratique.

L'enfant de là-bas qui a réalisé le très pénible effort d'apprendre quelques milliers de caractères d'écriture, s'il arrive à bien posséder les saintes maximes et leurs gloses, s'il subit l'examen avec succès à n'importe quel âge, fût-ce à soixante-dix ans et fût-il le plus pauvre des travailleurs, peut devenir mandarin à bouton de cristal ou de corail.

C'est cet espoir d'arriver au mandarinat qui pousse la plupart des Chinois à devenir des lettrés.

On dit qu'en Chine la moitié des gens fait passer des examens à l'autre moitié.

Alors, suivant les coutumes chinoises, on lui confiera le gouvernement d'une province ou le commandement d'une armée.

Il n'y a pas bien longtemps encore les Chinois avaient une armée aussi ridicule d'aspect que primitive dans sa constitution ;

mais, après les victoires des Japonais et des Russes, ils

ont suivi l'exemple des premiers. Des officiers japonais et européens sont venus exercer leurs troupes, et aujourd'hui ils sont en train de préparer une série de corps d'armée ayant tout le caractère et toute la valeur des troupes d'Occident.

Nul doute qu'avec leur puissance d'assimilation ils ne réussissent parfaitement.

La campagne chinoise n'a pas l'aspect de la campagne d'Europe.

Les rizières sont d'immenses étendues marécageuses, car le riz a besoin d'avoir la racine dans l'eau et la cime au soleil. Les coteaux sont plantés de théiers et de nombreuses variétés d'arbustes à fruits. Les Chinois sont d'excellents agriculteurs. Ils sont aussi ouvriers habiles; ils possèdent des poteries remarquables. Certaines terres de Chine fournissent de riches poteries qui affectent les formes artistiques les plus diverses. Les couleurs les plus riches, les dessins les plus originaux les décorent.

Malgré cela, il y a parmi les 300 millions de Chinois toute une population qui ne vit que de rapines et de brigandages. Aux environs même de la capitale, aux portes de Pékin, ils exercent leurs déprédations, et il a fallu, il y a quelques années, l'intervention des Européens pour arrêter les méfaits des Boxers.

Sur la frontière de l'Indo-Chine, ces brigands s'appellent les Pavillons noirs, et il faut souvent que les soldats français repoussent, au Tonkin, leurs incursions redoutables.

Nous avons eu à déplorer la mort de héros nombreux tombés sous les coups de ces bandits qu'ils combattaient.

Francis Garnier tomba le premier en 1873. En 1883, le commandant Henri Rivière à son tour était frappé à la tête d'une troupe de débarquement qui voulait protéger les droits de la France.

Il fallut envoyer un corps expéditionnaire. Après
s'être battu au Tonkin, l'amiral Courbet dut sur mer
lutter contre la Chine qui soutenait Pavillons Noirs et
pirates contre nous. Courbet, vainqueur à Fou Tchéou
et à Kélung, détruisit toute la flotte chinoise ; mais la
maladie l'atteignit là-bas dans les mers de Chine où
il mourut.

La France gardera toujours le souvenir de ces trois
héros.